토익 기본기 완성   Week **09**

Why 의문문

QR코드 하나를
가리고 찍으면 편해요!

▲ MP3 바로듣기　　▲ 강의 바로보기

Why는 '왜'라는 의미로 원인이나 이유를 물을 때 사용하는 의문사입니다. 질문의 전체적인 내용을 정확히 이해해야 적절한 정답을 고를 수 있는, 난이도 높은 유형이에요.

> 왜(Why) 사우스 애비뉴가
> 폐쇄되어 있나요?

■ Because (of)를 포함한 응답

Q　왜　　　　　길이 폐쇄된
　　Why is South Avenue closed?　　　　왜 사우스 애비뉴가 폐쇄되어 있나요?

A1　Because it's undergoing repairs.　　　수리 공사가 진행 중이기 때문입니다.

A2　Because of construction.　　　　　　공사 때문입니다.

　　　　　┈┈ Because + 문장
　　　　　　　Because of + 명사(구)

■ Because 없이 응답

Q　왜　　　당신이 일찍 가다
　　Why did you leave early yesterday?　　왜 어제 일찍 가셨나요?

A1　I had a doctor's appointment.　　　　병원 예약이 있었어요.

A2　To pick up my son.　　　　　　　　아들을 데려오기 위해서요.

A3　For a client meeting.　　　　　　　고객 회의 때문에요.

■ 의외의 응답

이유를 묻는 'Why ~?' 질문에 대해 '모른다, ~가 알고 있다' 류의 답변 외에도 되묻거나 문제 해결 방법을 말하는 답변이 정답으로 나오기도 합니다.

DAY 01

Part 2 Why 의문문

Q	왜 매출이 감소하다 **Why** did our **sales decrease** last month?	왜 우리 매출이 지난 달에 감소했나요?
A1	Lesli will find out.	레슬리 씨가 알아볼 겁니다.
A2	I have no idea.	모르겠어요.

Q	왜 설명 복잡한 **Why** are these **directions** so **complicated**?	이 설명은 왜 이렇게 복잡한가요?
A1	Oh, do you think so?	아, 그렇게 생각하세요?
A2	I'll make them simpler.	제가 좀 더 단순하게 만들어보겠습니다.

Quiz 음원을 듣고 각 선택지가 질문에 알맞은 응답이면 O, 아니면 X에 표시하고 빈칸을 채워보세요.

1 _____ did you cancel your trip?

(A) To London.   [O   X]

(B) A round trip ticket.   [O   X]

(C) Because I had an important meeting.   [O   X]

2 _____ the printer working?

(A) It's out of paper.   [O   X]

(B) Because of a paper jam.   [O   X]

(C) We need 200 posters.   [O   X]

정답 및 해설 p. 23

Practice

정답 및 해설 p. 23

오늘 배운 내용을 바탕으로 연습문제를 풀어 보세요.

 ▲ MP3 바로듣기　　 ▲ 강의 바로보기

1 Mark your answer.　　(A)　(B)　(C)

2 Mark your answer.　　(A)　(B)　(C)

3 Mark your answer.　　(A)　(B)　(C)

4 Mark your answer.　　(A)　(B)　(C)

5 Mark your answer.　　(A)　(B)　(C)

6 Mark your answer.　　(A)　(B)　(C)

7 Mark your answer.　　(A)　(B)　(C)

8 Mark your answer.　　(A)　(B)　(C)

9 Mark your answer.　　(A)　(B)　(C)

10 Mark your answer.　　(A)　(B)　(C)

memo

Today's VOCA

01 defective ★★
디펙티입 [diféktiv]
형 결함이 있는

return **defective** merchandise
결함이 있는 상품을 반품하다
파 **defect** 명 결함, 흠

02 inconvenience ★★
인컨뷔년스 [inkənví:njəns]
명 불편 동 불편을 끼치다

cause some **inconvenience**
약간의 불편을 초래하다
반 **convenience** 명 편리, 편의

03 probably ★★
프라버블리 [prábəbli]
부 아마도

probably due to a power outage
아마도 정전 때문에

04 disruption ★★
디스뤕션 [disrʌ́pʃən]
명 장애, 중단, (통신) 두절

a temporary **disruption** in our order
processing system
저희 주문 처리 시스템에 발생한 일시적 장애
파 **disrupt** 동 중단시키다, 두절시키다

05 several ★★
쎄붜뤌 [sévərəl]
형 몇몇의, 약간의 명 몇몇, 약간

listen to **several** suggestions
몇몇의 제안을 듣다

06 initial ★★
이니셜 [iníʃəl]
형 초기의, 처음의

the **initial** findings
초기 발견 내용
파 **initially** 부 처음에, 초기에

07 ship ★
쉽 [ʃip]
동 배송하다, 발송하다

be **shipped** within 24 hours
24시간 이내에 배송되다
파 **shipment** 명 발송, 선적

08 amount ★
어마운(트) [əmáunt]
명 액수, 양

generate a significant **amount** of profits
상당한 액수의 수익을 창출하다

📖 to부정사의 역할 (1)

to부정사는 동사 앞에 to를 붙여 명사, 형용사, 부사 등 다양한 용도로 사용하기 위한 형태입니다. 동사 앞에 to만 붙인 형태이기 때문에 동사의 성질을 그대로 유지합니다.

■ 명사 역할

to부정사는 명사 역할을 할 수 있어 문장의 주어, 목적어, 보어 자리에 올 수 있습니다. 하지만 토익에서 주어 자리에 오는 to부정사는 거의 출제되지 않으며, 주로 목적어로 출제됩니다. 특히, to부정사를 목적어로 가지는 동사를 따로 암기하여, 특정 동사들의 목적어로 to부정사를 바로 고를 수 있어야 합니다.

would like 원하다	aim 목표로 하다	plan 계획하다	hope 희망하다
intend 의도하다	decide 결정하다	need 필요하다	

The Campton Hotel Group decided **to expand** into Europe next year.
캠튼 호텔 그룹은 내년에 유럽으로 사업을 확장하기로 결정했다.

Jason's goal is **to buy** an electric car.
제이슨의 목표는 전기자동차를 구입하는 것이다.

······ Jason's goal = to buy an electric car

3초 퀴즈 📎

Carrie aims -------
into a graduate
program at Harvard
next year.

(A) to get
(B) getting

■ 형용사 역할

to부정사는 명사 뒤에서 명사를 수식하는 형용사 역할을 할 수 있습니다. to부정사가 수식할 수 있는 특정 명사들이 있으므로 이 명사들을 따로 기억해두는 것이 좋습니다.

time 시간	way 방법	plan 계획	proposal 제안
decision 결정	effort 노력	chance 기회	opportunity 기회

Mr. Thompson announced his **decision to resign** as CEO.
톰슨 씨는 최고 경영자 자리에서 사퇴하겠다는 결정을 발표했다.

They have made every **effort to keep** the lead in the market.
그들은 시장에서 우위를 유지하기 위한 모든 노력을 다해왔다.

 전치사의 목적어가 될 수 없는 to부정사

to부정사는 타동사의 목적어 자리에 올 수 있지만, 동명사와는 달리 전치사의 목적어 자리에는 올 수 없습니다.

Mr. Hamid is interested **in** [**participating** / to participate] in the workshop.
하미드 씨는 워크숍에 참가하는 것에 관심이 있다.

▲ 강의 바로보기

오늘 배운 내용을 바탕으로 연습문제를 풀어 보세요.

1 Lisa needs ------- a wooden case for packaging before Friday.

(A) order   (B) ordered

(C) ordering   (D) to order

memo

2 All staff members have made a lot of effort ------- hospital services.

(A) will improve   (B) to improve

(C) improved   (D) improvement

3 Prime Bank is planning to ------- stocks in several international firms.

(A) purchased   (B) purchases

(C) purchasing   (D) purchase

4 Mr. Dawson expects ------- the financial manager position this month.

(A) fill   (B) filling

(C) to fill   (D) fills

5 The research will give our team an opportunity ------- the most advanced eco-friendly technology.

(A) to develop   (B) develops

(C) will develop   (D) had developed

Today's VOCA

01 receipt
뤼씨잇 [risíːt]
⑲ 영수증, 수령

turn in **receipts** for reimbursement
환급 받기 위해 영수증을 제출하다

02 guarantee
개뤈티– [gærəntíː]
⑧ 보장하다, 보증하다 ⑲ 보장, 보증

guarantee a quality service
양질의 서비스를 보장하다

03 damage
대미쥐 [dǽmidʒ]
⑲ 손상, 파손 ⑧ 손상시키다

cause **damage** to the goods in transit
배송 중 상품에 손상을 야기하다
❸ **damaged** ⑱ 손상된, 망가진

04 transit
트랜짓 [trǽnzit]
⑲ 운송, 교통 ⑧ 운송하다

items lost in **transit**
운송 중에 분실된 물건

05 apology
어팔러쥐 [əpálədʒi]
⑲ 사과

accept one's **apologies** for the delay
지연된 것에 대한 사과를 받아주다
❸ **apologize** ⑧ 사과하다

06 severely
씨뷔얼리 [sivíərli]
⑨ 심하게, 몹시

be **severely** damaged by a storm
폭풍우로 인해 심하게 손상되다
❸ **severe** ⑱ 극심한

07 directly ★★★★
디뤡(틀)리 [diréktli] / 다이뤡(틀)리 [dairéktli]
⑨ 직접, 바로

submit expense reports **directly** to the manager
지출 보고서를 부장에게 직접 제출하다

08 highly ★★★★
하일리 [háili]
⑨ 매우, 대단히

a **highly** successful charity event
매우 성공적인 자선 행사
❸ **high** ⑱ 높은 ⑨ 높이, 높게

Be동사 의문문

▲ MP3 바로듣기 ▲ 강의 바로보기

Be동사로 시작하는 의문문은 사실이나 정보를 확인하기 위한 의문문이에요. 여기서 Be동사는 형식적인 말일 뿐이기 때문에 뒤에 나오는 동사와 명사, 형용사 등을 잘 듣는 것이 중요해요. 답변은 Yes/No로 시작하는 것이 기본이지만, Yes/No를 생략한 채로 질문에 대해 긍정/부정하는 의미의 답변도 자주 정답으로 나옵니다.

컴퓨터 교육에 등록되어(registered) 있으세요?

■ Yes/No 응답

Be동사 의문문은 '~인가요?'라고 사실 확인을 하는 의문문이므로 기본적으로 Yes나 No로 대답합니다.

Q Are you **registered** for the computer **training**?
등록된   교육

A1 Yes, for the afternoon session.

A2 No, I have an important meeting.

컴퓨터 교육에 등록되어 있으세요?

네, 오후 시간으로요.

아뇨, 전 중요한 회의가 있어요.

Q Is there **enough time** to **have lunch**?
충분한 시간   점심을 먹다

A1 Sure, let's try the new restaurant.

A2 No, we're running late for the train.

점심 식사할 충분한 시간이 있나요?

그럼요, 새로 생긴 식당에 가봅시다.

아뇨, 우리는 기차 시간에 늦었어요.

⌐⋯⋯⋯ Yes 대신 강한 긍정을 의미하는 Sure

Yes/No 없는 응답

Yes/No를 생략하고 질문에 대해 긍정/부정하는 답변이 자주 정답으로 나오는데, 이러한 문제는 난이도가 높기 때문에 많이 연습해 두어야 합니다. 또한 질문에 대한 긍정도 부정도 아닌 제3의 응답이 정답이 되기도 합니다.

Q Is the **printer out of order**? 프린터 고장 난   프린터가 고장 났나요?

A It's working fine. ☞ 앞에 No 생략   (아뇨,) 잘 작동되고 있어요.

Q Was the 2 o'clock **meeting canceled**? 회의 취소된   2시 회의가 취소되었나요?

A That's what I heard. ☞ 앞에 Yes 생략   (네,) 그렇게 들었어요.

Quiz 음원을 듣고 각 선택지가 질문에 알맞은 응답이면 O, 아니면 X에 표시하고 빈칸을 채워보세요.

1 Are you _____ for a meeting this afternoon?

(A) Yes, I'm free in the afternoon.   [O X]

(B) No, I'll be out of office.   [O X]

(C) Sure. What is it about?   [O X]

2 Is there something _____ with the elevator?

(A) I'll call the building manager.   [O X]

(B) Turn left at the corner.   [O X]

(C) Yes, it is out of order.   [O X]

정답 및 해설 p. 11

▲ MP3 바로듣기   ▲ 강의 바로보기

오늘 배운 내용을 바탕으로 연습문제를 풀어 보세요.

1 Mark your answer.   (A) (B) (C)

2 Mark your answer.   (A) (B) (C)

3 Mark your answer.   (A) (B) (C)

4 Mark your answer.   (A) (B) (C)

5 Mark your answer.   (A) (B) (C)

6 Mark your answer.   (A) (B) (C)

7 Mark your answer.   (A) (B) (C)

8 Mark your answer.   (A) (B) (C)

9 Mark your answer.   (A) (B) (C)

10 Mark your answer.   (A) (B) (C)

memo

Today's VOCA

▲ MP3 바로듣기

01 address ★★★★

동 어드뤠스 [ədrés] 명 애드뤠스 [ǽdres]
동 처리하다, 다루다, 연설하다 명 주소, 연설

address customer complaints politely
고객 불만을 정중하게 처리하다

02 response ★★★

뤼스판스 [rispáns]
명 반응, 대답, 회신

be pleased with the enthusiastic **response**
열광적인 반응에 기뻐하다
➡ **responsive** 형 반응하는

03 representative ★★★

뤠프뤼젠터딥 [reprizéntətiv]
명 대리인, 대표자, 직원 형 대표하는, 전형적인

serve as the company's **representative**
회사의 대리인 역할을 하다
➡ **represent** 동 대표하다, 대리하다

04 specifically ★★★

스피씨삐컬리 [spisífikəli]
부 특히, 명확하게

focus **specifically** on
~에 특히 집중하다

05 regarding ★★

뤼가ㄹ딩 [rigá:rdiŋ]
전 ~에 관해

have questions **regarding** the new product
신제품에 관해 질문이 있다

06 convenient ★★

컨뷔-년(트) [kənví:njənt]
형 편리한

offer **convenient** customer service hours
편리한 고객 서비스 시간을 제공하다
➡ **convenience** 명 편의, 편리

07 accessible ★★

액쎄써블 [æksésəbl]
형 접근할 수 있는, 이용 가능한

accessible through our Web site
우리 웹 사이트를 통해 접근할 수 있는
➡ **inaccessible** 형 접근할 수 없는, 이용할 수 없는

08 efficiently ★★

이삐션(틀)리 [ifíʃəntli]
부 효율적으로

track shipments more **efficiently**
배송을 더 효율적으로 추적하다

to부정사 ❷

📖 to부정사의 역할 (2)

to부정사는 부사의 역할도 할 수 있습니다. 형용사를 뒤에서 수식하거나 문장 전체를 수식하여 '~하기 위해' 라는 뜻의 목적을 나타냅니다. 문장 전체를 수식하는 경우, to부정사는 문장 맨 앞에 혹은 맨 뒤에 위치합니다.

■ 부사 역할: 형용사 수식

to부정사가 형용사를 수식할 때 대부분 「주어 + be동사 + 형용사 + to부정사」의 구조로 사용됩니다. 주로 빈칸 앞에 있는 특정 형용사를 보고, to부정사를 고르는 유형 또는 to부정사를 보고 to부정사의 수식을 받을 수 있는 형용사를 고르는 유형으로 출제됩니다.

be ready to부정사 ~할 준비가 되어 있다	be eager to부정사 ~하기를 간절히 바라다
be able to부정사 ~할 수 있다	be hesitant to부정사 ~하는 것을 망설이다
be likely to부정사 ~할 것 같다	be willing to부정사 기꺼이 ~하다

The marketing team **is ready to launch** a nationwide advertising campaign.
마케팅 팀은 전국적인 광고 캠페인을 시작할 준비가 되어 있다.

Audience members **are eager** to hear the next speaker.
청중들은 다음 연사의 이야기를 듣기를 간절히 바란다.

■ 부사 역할: 문장 수식

to부정사가 문장 맨 앞 또는 맨 뒤에 위치할 경우, 부사처럼 문장의 전체 내용을 수식할 수 있습니다. 이때 to부정사는 '~하기 위해'라고 해석합니다.

To meet increasing demand, we are going to hire more factory workers.
늘어나는 수요를 맞추기 위해서, 우리는 더 많은 공장 근로자들을 고용할 것이다.

Please visit our Web site **to find** detailed reviews of the product.
제품의 상세한 후기를 찾기 위해서 저희 웹사이트를 방문해 주세요.

3초 퀴즈

You should show a visitor's pass ------- the building.

(A) enter
(B) to enter

 목적을 나타내는 to부정사 숙어

to부정사에서 가장 출제가 많이 되는 것은 어떤 행동의 목적을 나타내는 「in order to부정사」 숙어입니다. in order를 생략해도 동일하게 '~하기 위해'라고 해석하며, 주로 선택지에 접속사나 전치사와 함께 제시되기 때문에 빈칸 뒤에 동사원형이 오는 것만 보고 in order to를 정답으로 고르면 됩니다.

In order to ensure security, Mr. Clark decided to install a new door lock.
보안을 보장하기 위해, 클라크 씨는 새로운 도어록을 설치하기로 결정했다.

오늘 배운 내용을 바탕으로 연습문제를 풀어 보세요.

1 We were able ------- Mr. Jack Smith to lead the accounting department.

(A) recruiting   (B) recruited

(C) recruits   (D) to recruit

2 ------- a longer lifespan for your appliances, only authorized parts should be used.

(A) Ensure   (B) Ensures

(C) To ensure   (D) Ensured

3 There are several European electronics firms which are eager ------- the Asian markets.

(A) enter   (B) will enter

(C) entering   (D) to enter

4 We are always ------- to assist our guests, wishing to make their stay pleasurable.

(A) useful   (B) willing

(C) committed   (D) possible

5 ------- accommodate more attendees, the meeting is going to be moved to the executive conference room.

(A) Even though   (B) In order to

(C) Given that   (D) In addition to

memo

Today's VOCA

▲ MP3 바로듣기

01 improve ★★
임프루웁 [imprúːv]
동 향상시키다

improve our customer service
고객 서비스를 향상시키다
⊞ improvement 명 향상, 개선

02 preference ★★
프뤠뿨런스 [préfərəns]
명 취향, 선호, 선호하는 것

indicate one's food preference on the form
양식에 음식 취향을 명시하다

03 communicate ★★
커뮤너케잇 [kəmjúːnəkeit]
동 소통하다, 대화하다

communicate with each other
서로 소통하다
⊞ communication 명 소통, 통신(복수형)

04 inquiry ★★
인콰이어리 [inkwáiəri] / 인쿼뤼 [ínkwəri]
명 문의, 질의

make an inquiry about the service
서비스에 대해 문의하다
⊞ inquire 동 묻다

05 handle ★★
핸들 [hǽndl]
동 다루다, 처리하다, 취급하다

handle a variety of issues
다양한 문제를 다루다

06 complaint ★★
컴플레인(트) [kəmpléint]
명 불평, 불만

make a complaint
불평하다
⊞ complain 동 불평하다

07 feedback ★★
쀠잇백 [fíːdbæk]
명 의견, 피드백

receive valuable feedback from customers
고객들로부터 소중한 의견을 받다

08 aware ★
어웨어ㄹ [əwéər]
형 알고 있는

be well aware of consumer needs
소비자가 필요로 하는 점들을 잘 알고 있다
⊞ unaware 형 모르고 있는

DAY 04

Part 5 to부정사 ②

VOCA

● 단어와 그에 알맞은 뜻을 연결해 보세요.

1	receipt	•	• (A) 매우, 대단히
2	highly	•	• (B) 초기의, 처음의
3	initial	•	• (C) 영수증, 수령

● 다음 빈칸에 알맞은 단어를 선택하세요.

4 be well ------- of consumer needs
소비자가 필요로 하는 점들을 잘 알고 있다

5 be pleased with the enthusiastic -------
열광적인 반응에 기뻐하다

6 a temporary ------- in our order processing system
저희 주문 처리 시스템에 발생한 일시적 장애

(A) response
(B) aware
(C) disruption

● 실전 문제에 도전해 보세요.

7 Customers who return a ------- item within two weeks will receive a full refund.

(A) convenient
(B) defective
(C) severe
(D) representative

8 Mr. Blake met with executives to ------- the issue of increasing competition.

(A) improve
(B) address
(C) communicate
(D) complain

한 주 동안 학습한 내용을 적용하여 기출변형 문제들을 풀어 보세요.

▲ MP3 바로듣기 ▲ 강의 바로보기

1　Mark your answer.　　(A)　(B)　(C)

2　Mark your answer.　　(A)　(B)　(C)

3　Mark your answer.　　(A)　(B)　(C)

4　Mark your answer.　　(A)　(B)　(C)

5　Mark your answer.　　(A)　(B)　(C)

6　Mark your answer.　　(A)　(B)　(C)

7　Mark your answer.　　(A)　(B)　(C)

8　Mark your answer.　　(A)　(B)　(C)

9　Mark your answer.　　(A)　(B)　(C)

10　Mark your answer.　　(A)　(B)　(C)

한 주 동안 학습한 내용을 적용하여 기출변형 문제들을 풀어 보세요.

▲ 강의 바로보기

1   The team leader decided ------- an urgent meeting to discuss how to increase sales of their products.

(A) held
(B) hold
(C) holding
(D) to hold

2   The wedding is strictly open to family and friends only, so not many people will be able ------- it.

(A) attendance
(B) to attend
(C) attendees
(D) attends

3   The ideal discussion leader should have the ability ------- an open discussion.

(A) facilitate
(B) facilitates
(C) facilitated
(D) to facilitate

4   Mr. Woods often raised his voice during his 3-hour presentation to ------- his audience's attention.

(A) keep
(B) kept
(C) keeps
(D) keeping

5   Bresher Furniture holds the right ------- the deliveries until the outstanding payment has been made.

(A) to delay
(B) delay
(C) delays
(D) delaying

6 Ms. Chan wants ------- the revised conference schedule as soon as it is available.

(A) seeing
(B) seen
(C) have seen
(D) to see

7 Mikael Garner will be quitting his job in order ------- books on successful businesses.

(A) writing
(B) written
(C) write
(D) to write

8 Ms. Wong was recognized for her outstanding ------- to promote the city through a variety of campaigns.

(A) talents
(B) responses
(C) efforts
(D) attention

9 Berks Bistro has seen the number of its customers triple in the last 3 years, so its management is ------- to expand the facility.

(A) constructive
(B) eager
(C) relative
(D) delicious

10 Monaco Bank created its 'Smart Banking' application ------- help customers access their accounts more easily.

(A) in order to
(B) in that
(C) for
(D) due to

Week **09**

정답 및 해설

Day 01 Why 의문문

Quiz

1. Why did you cancel your trip?
(A) To London. [X]
(B) A round trip ticket. [X]
(C) Because I had an important meeting. [O]

왜 여행을 취소하셨나요?
(A) 런던으로요.
(B) 왕복 티켓이요.
(C) 중요한 회의가 있었기 때문입니다.

해설 (A) 목적지를 말하는 답변으로 Where 의문문에 어울리는 반응이므로 오답.
(B) 티켓 종류를 말하는 답변으로 What kind 등의 의문문에 어울리는 반응이므로 오답.
(C) Why와 짝을 이루는 Because와 함께 중요한 회의가 있었다는 말로 여행 취소 이유를 언급하는 정답.
어휘 cancel ~을 취소하다 round trip ticket 왕복 티켓

2. Why isn't the printer working?
(A) It's out of paper. [O]
(B) Because of a paper jam. [O]
(C) We need 200 posters. [X]

왜 프린터가 작동하지 않죠?
(A) 종이를 다 썼네요.
(B) 종이 걸림 때문에요.
(C) 우리는 200장의 포스터가 필요해요.

해설 (A) 프린터가 작동하지 않는 원인에 해당하는 답변이므로 정답.
(B) 프린터가 작동하지 않는 원인에 해당하는 내용이며, 전치사 Because of로 시작하는 답변이므로 정답.
(C) 프린터가 작동하지 않는 원인과 관계없이 포스터의 수량을 언급하는 답변이므로 오답.
어휘 work 작동하다 out of paper 종이가 없는, 종이를 다 쓴 paper jam 종이 걸림

Practice

1. (C)	2. (C)	3. (C)	4. (B)	5. (C)
6. (A)	7. (A)	8. (A)	9. (B)	10. (B)

1. Why are there so many cars on the street now?
(A) Yes, it's in the repair shop.
(B) I don't want to get stuck in traffic.
(C) Because there is a parade.

지금 거리에 왜 이렇게 자동차들이 많은 거죠?
(A) 네, 그건 정비소에 있어요.
(B) 저는 교통 체증에 갇히고 싶지 않아요.
(C) 퍼레이드가 있기 때문입니다.

정답 (C)
해설 이유를 나타내는 접속사 Because와 함께 퍼레이드가 있다는 내용을 언급하여 자동차들이 많은 이유를 나타낸 답변이므로 정답.
어휘 repair shop 정비소 get stuck in ~에 갇히다 traffic 교통(량), 차량들 parade 퍼레이드, 행진

2. Why is Chris out of town?
(A) You need to fill out this form.
(B) I came here early.
(C) He has a meeting with a client.

크리스가 왜 다른 지역에 가 있나요?
(A) 이 양식을 작성하셔야 합니다.
(B) 저는 여기에 일찍 왔어요.
(C) 고객 한 분과 회의가 있습니다.

정답 (C)
해설 크리스를 He로 지칭해 그가 다른 지역에 가 있는 이유를 언급한 답변이므로 정답.
어휘 out of town 다른 지역에 가 있는 fill out ~을 기입하다, 작성하다 form 양식

3. Why was the monthly meeting canceled?
(A) At the staff meeting.
(B) Next Monday at 3 P.M.
(C) Because Sam can't come.

월간 회의가 왜 취소됐나요?
(A) 직원 회의에서요.
(B) 다음 주 월요일 오후 3시요.
(C) 샘 씨가 올 수 없기 때문입니다.

정답 (C)
해설 Because와 함께 월간 회의가 취소된 이유를 언급하여 Why 의문문에 어울리는 답변이므로 정답.
어휘 monthly 월간의 be canceled 취소되다 because ~이기 때문이다

4. Why did you return your new bag?

(A) I need the receipt.

(B) Because the zipper was broken.

(C) The biggest shopping mall in our town.

왜 새 가방을 반품했나요?

(A) 저는 영수증이 필요해요.

(B) 지퍼가 고장났기 때문이었어요.

(C) 우리 동네에서 가장 큰 쇼핑몰이요.

정답 (B)

해설 Because와 함께 지퍼가 고장났다는 말로 새 가방을 반품한 이유를 언급하여 Why 의문문에 어울리는 답변이므로 정답.

어휘 return ~을 반품하다 need ~을 필요로 하다 receipt 영수증 broken 고장 난

5. Why is Ms. Lee leaving her hometown?

(A) No, I'm leaving tomorrow.

(B) I want to stay home.

(C) She found a job in New York.

이 씨는 왜 그녀의 고향을 떠나는 건가요?

(A) 아니요, 저는 내일 떠나요.

(B) 저는 집에 있고 싶어요.

(C) 그녀는 뉴욕에 직장을 구했어요.

정답 (C)

해설 Ms. Lee를 She로 지칭해 그녀가 고향을 떠나는 이유를 설명하므로 정답.

어휘 leave ~을 떠나다 hometown 고향 stay 머물다 find a job 직장을 구하다, 일자리를 얻다

6. Why have they blocked off 45th Street?

(A) For the annual marathon.

(B) A store down the street.

(C) Yes, I think you're right.

왜 그들이 45번가를 막아두었나요?

(A) 연례 마라톤 때문에요.

(B) 길 아래쪽 상점이요.

(C) 네, 당신이 옳은 것 같아요.

정답 (A)

해설 이유 또는 목적을 나타내는 전치사 for과 함께 연례 마라톤을 언급하여 도로가 차단된 이유가 연례 마라톤을 위한 것이라는 내용이므로 정답.

어휘 block off 막다, 차단하다 for ~를 위해 annual 연례의 marathon 마라톤

7. Why did Melanie come to work late this morning?

(A) I'm not sure.

(B) They'll call you back later today.

(C) They're working on that now.

왜 멜라니 씨가 오늘 아침에 지각하신 건가요?

(A) 잘 모르겠어요.

(B) 그들이 당신에게 오늘 늦게 전화할 거예요.

(C) 그들이 지금 그것을 작업하고 있어요.

정답 (A)

해설 잘 모르겠다는 말로 멜라니 씨가 지각한 이유를 묻는 질문에 대한 답변이 될 수 있으므로 정답.

어휘 come to work late 늦게 출근하다, 지각하다 be not sure 잘 모르다, 확신하지 못하다 call A back: A에게 다시 전화하다 work on ~을 작업하다, 착수하다

8. Why is Jane absent from the meeting this morning?

(A) Because she's at the Chicago branch.

(B) No, I was absent.

(C) I'll be in meetings tomorrow.

왜 제인 씨가 오늘 아침 회의에 불참했나요?

(A) 그녀가 시카고 지사에 있기 때문입니다.

(B) 아니요, 저는 불참했었어요.

(C) 저는 내일 여러 회의에 참석할 거예요.

정답 (A)

해설 Because와 함께 회의 불참 이유를 설명하여 Why 의문문에 어울리는 답변이므로 정답.

어휘 absent from ~에 불참한 branch 지사, 지점

9. Why did sales decrease last year?

(A) It was last year.

(B) Jacob will find out.

(C) They're not for sale.

왜 작년 판매량이 감소했나요?

(A) 그건 작년이었어요.

(B) 제이콥 씨가 알아볼 거예요.

(C) 그것들은 비매품이에요.

정답 (B)

해설 이유를 언급하는 대신 다른 사람이 이유를 알아볼 것이라는 의미를 나타내어 질문에 대한 답변이 될 수 있으므로 정답.

어휘 sales 판매(량) decrease 감소하다 find out 알아내다 not for sale 판매용이 아닌, 비매품인

10. Why are you cleaning the stairs?

(A) I found it upstairs.

(B) Because I spilled my coffee.

(C) Every day after office hours.

왜 계단을 청소하고 계시나요?
(A) 위층에서 찾았어요.
(B) 커피를 쏟았거든요.
(C) 매일 근무 시간 이후에요.

정답 (B)
해설 Because와 함께 커피를 쏟았다는 말로 계단을 청소하고 있는 이유를 설명하여 Why 의문문에 어울리는 답변이므로 정답.
어휘 **stairs** 계단 **upstairs** 위층 **spill** ~을 흘리다, 쏟다 **office hours** 근무 시간, 영업 시간

Day 02 to부정사 ❶

3초 퀴즈

정답 (A)
해석 캐리 씨는 내년에 하버드에서 대학원 과정을 들어가는 것을 목표로 한다.
해설 빈칸 앞에 위치한 동사 aim은 to부정사를 목적어로 가지는 동사이므로 (A) to get이 정답이다.
어휘 **aim** ~을 목표로 하다 **get into** ~에 들어가다 **graduate program** 대학원 과정

Practice

1. (D)	2. (B)	3. (D)	4. (C)	5. (A)

1.
정답 (D)
해석 리사는 포장용 나무상자를 금요일 전에 주문할 필요가 있다.
해설 빈칸 앞에 위치한 동사 need는 to부정사를 목적어로 가지므로 (D) to order가 정답이다.
어휘 **need to** ~할 필요가 있다 **wooden** 나무의 **case** 상자 **packaging** 포장 **order** ~을 주문하다

2.
정답 (B)
해석 모든 직원들이 병원 서비스를 개선하려는 많은 노력을 하고 있다.
해설 빈칸 앞에 있는 명사 effort는 to부정사의 수식을 받는 명사이다. 따라서 (B) to improve가 정답이다.
어휘 **staff members** 직원들 **make an effort** 노력하다

improve ~을 개선하다 **improvement** 개선

3.
정답 (D)
해석 프라임 은행은 몇몇 국제적인 기업들의 주식을 매입할 계획이다.
해설 빈칸 앞에 현재진행형으로 쓰인 동사 plan은 to부정사를 목적어로 취하는 동사이다. 빈칸 바로 앞에 to가 이미 있으므로 to부정사를 구성하는 또 다른 요소인 동사원형 (D) purchase가 정답이다.
어휘 **plan to do** ~할 계획이다 **stock** 주식 **several** 여럿의 **international** 국제적인 **firm** 업체 **purchase** ~을 매입하다

4.
정답 (C)
해석 도슨 씨는 이번 달에 재무팀장 자리를 충원할 것으로 예상하고 있다.
해설 빈칸 바로 앞에 위치한 동사 expect는 to부정사를 목적어로 취하는 동사이므로 (C) to fill이 정답이다.
어휘 **expect to do** ~할 것으로 예상하다 **financial manager** 재무팀장 **position** 직책 **fill** ~을 채우다

5.
정답 (A)
해석 그 연구는 우리 팀에게 가장 진보된 친환경 기술을 개발할 기회를 줄 것이다.
해설 빈칸 바로 앞에 위치한 명사 opportunity는 to부정사의 수식을 받는 명사이므로 (A) to develop이 정답이다.
어휘 **research** 연구 **give A B** A에게 B를 주다 **opportunity to do** ~할 기회 **the most advanced** 가장 진보된 **eco-friendly** 친환경적인 **technology** 기술 **develop** ~을 개발하다

Day 03 Be동사 의문문

Quiz

1. Are you <u>available</u> for a meeting this afternoon?
(A) Yes, I'm free in the afternoon. [O]
(B) No, I'll be out of office. [O]
(C) Sure. What is it about? [O]

오늘 오후에 회의할 시간이 있으신가요?
(A) 네, 오후에 시간이 있습니다.

(B) 아뇨, 저는 사무실 밖에 있을 겁니다.

(C) 물론이죠. 무엇에 관한 것인가요?

해설 (A) 긍정을 뜻하는 Yes 및 available과 동의어인 free와 함께 시간이 있음을 알리는 답변이므로 정답.

(B) 부정을 나타내는 No와 함께 시간이 나지 않는 이유를 밝히는 답변이므로 정답.

(C) 긍정을 뜻하는 Sure와 함께 회의 주제를 되묻는 질문을 덧붙인 답변이므로 정답.

어휘 **available** (사람이) 시간이 나는, (사물이) 이용 가능한 **free** 시간이 나는, 한가한 **out of** ~ 밖에, ~ 외부에

2. Is there something <u>wrong</u> with the elevator?

(A) I'll call the building manager. [O]

(B) Turn left at the corner. [X]

(C) Yes, it is out of order. [O]

엘리베이터에 문제가 있나요?

(A) 제가 건물 관리자를 부를게요.

(B) 모퉁이에서 좌회전하세요.

(C) 네, 고장났어요.

해설 (A) 건물 관리자를 부른다는 것은 엘리베이터에 문제가 있다는 말이므로 정답.

(B) 좌회전을 하라는 길 안내에 관한 답변이므로 오답.

(C) 긍정을 뜻하는 Yes와 함께 엘리베이터의 문제로 고장이 났다는 답변이므로 정답.

어휘 **be wrong with** ~가 잘못되다, ~에 문제가 있다

Practice

1. (A)	2. (B)	3. (A)	4. (B)	5. (B)
6. (C)	7. (A)	8. (B)	9. (A)	10. (C)

1. Are you going to Mr. Raymond's birthday party?

(A) Yes, I'll be there.

(B) A lot of people were there.

(C) I gave him a present.

레이먼드 씨의 생일 파티에 가시나요?

(A) 네, 갈 겁니다.

(B) 많은 사람들이 그곳에 있었어요.

(C) 저는 그에게 선물을 주었어요.

정답 (A)

해설 긍정을 나타내는 Yes와 함께 그곳에 갈 것이라는 말로 질문에 답하는 정답.

어휘 **be there** 그곳에 가다, 그곳에 있다 **a lot of** 많은 **present** 선물

2. Are you registered for tomorrow's seminar?

(A) Wednesday at 2 P.M.

(B) I signed up for it last week.

(C) In the conference room.

내일 열리는 세미나에 등록되어 있나요?

(A) 수요일 오후 2시요.

(B) 지난 주에 등록했어요.

(C) 대강당에서요.

정답 (B)

해설 Yes가 생략되어 특정 시점과 함께 등록했다는 긍정의 답변으로 볼 수 있으므로 정답.

어휘 **register for** ~에 등록하다 **sign up for** ~에 등록하다

3. Excuse me. Is this your mobile phone?

(A) Oh, yes. That's mine.

(B) I downloaded the application.

(C) No, I have an old charger.

실례합니다. 이 휴대폰이 당신의 것인가요?

(A) 아, 네. 제 것이에요.

(B) 애플리케이션을 다운로드 받았어요.

(C) 아니요, 저는 오래된 충전기를 가지고 있어요.

정답 (A)

해설 긍정을 나타내는 Yes로 시작하여 자신의 것이라는 말로 질문에 답변하는 정답.

어휘 **mobile phone** 휴대폰 **download** 다운로드 받다 **application** 애플리케이션 **charger** 충전기

4. Are the carpet cleaners coming next week?

(A) By express delivery.

(B) No, the week after.

(C) He cleaned the window.

카페트용 세제는 다음 주에 오나요?

(A) 신속 배송으로요.

(B) 아니요, 그 다음 주요.

(C) 그가 창문을 청소했어요.

정답 (B)

해설 부정을 나타내는 No로 시작하여 특정 시점을 언급하여 질문에 어울리는 답변이므로 정답.

어휘 **cleaner** 세제 **express delivery** 빠른 우편, 신속 배송 **the week after** 그 다음 주 **clean** ~을 청소하다

5. Is Kane going to the marketing meeting?

(A) Some marketing proposals.

(B) No, I don't think so.

(C) It's in the meeting room on the second floor.

케인 씨가 마케팅 회의에 가실 수 있을까요?
(A) 몇 개의 마케팅 제안서요.
(B) 아니요, 전 그렇게 생각하지 않아요.
(C) 그건 2층 회의실에 있어요.

정답 (B)
해설 부정을 뜻하는 No와 함께 자신의 의견을 말하며 질문에 답하는 정답.
어휘 **proposal** 제안서 **floor** 층

6. Is it too late to order lunch?
   (A) A different lunch menu.
   (B) She's an excellent cook.
   (C) We just closed the kitchen for the break time.

점심을 주문하기에 너무 늦었나요?
(A) 다른 점심 메뉴요.
(B) 그녀는 훌륭한 요리사예요.
(C) 휴식 시간을 위해 조리실을 닫았어요.

정답 (C)
해설 조리실을 닫아서 주문을 받을 수 없다는 의미를 나타내어 점심을 주문하기에 늦었는지 묻는 질문에 답변이 될 수 있으므로 정답.
어휘 **too** 형용사: 너무 ~한 **late** 늦은 **order** ~을 주문하다 **different** 다른 **excellent** 훌륭한 **cook** 요리사 **close** (문을) 닫다

7. Are you planning to go to the new shopping center this weekend?
   (A) I went there yesterday.
   (B) It's right next to the gym.
   (C) I bought a backpack for the trip.

이번 주말에 새 쇼핑 센터에 가실 계획인가요?
(A) 저는 어제 갔어요.
(B) 체육관 바로 옆에 있어요.
(C) 여행을 위한 배낭을 한 개 샀어요.

정답 (A)
해설 과거에 이미 갔었다는 말로 갈 계획인지 묻는 질문에 답변이 될 수 있으므로 정답.
어휘 **plan to** ~할 계획이다 **right next to** ~의 바로 옆에 **buy** ~을 사다, 구입하다 cf. 동사변화는 buy-bought-bought **backpack** 배낭 **trip** 여행

8. Is this the bus to the City Hall?

(A) I usually take the bus.
(B) That's what the driver told me.
(C) About two dollars.

이 버스가 시청으로 가나요?
(A) 저는 보통 버스를 타요.
(B) 기사님이 그렇게 말씀하셨어요.
(C) 약 2달러 정도요.

정답 (B)
해설 그렇게 들었다고 말하는 표현으로 자신이 알고 있는 정보를 언급하여 시청으로 가는 버스가 맞는지 묻는 질문에 답변이 될 수 있으므로 정답.
어휘 **usually** 보통, 주로 **take** (교통수단 등을) 타다 **about** 약, 대략

9. Are you having trouble with the printer?
   (A) I just called the repairman.
   (B) Seven copies of the original document.
   (C) Two paper boxes.

프린터에 문제가 있나요?
(A) 방금 수리업자에게 전화했어요.
(B) 원본 문서의 복사본 일곱 부요.
(C) 두 개의 종이 상자요.

정답 (A)
해설 Yes가 생략된 응답으로 복사기에 문제가 있어 수리업자에게 전화했다는 의미이므로 질문에 대한 답변이 될 수 있으므로 정답.
어휘 **have trouble with A:** A에 문제가 있다 **just** 방금, 막 **repairman** 수리업자 **copy** 복사본 cf. 복수형은 copies **original** 원본의 **document** 문서, 서류

10. Is the cafeteria in this building?
   (A) I already had lunch with him.
   (B) It's a large building.
   (C) Actually, it's closed for renovations.

구내식당이 이 건물 안에 있나요?
(A) 저는 이미 그와 함께 점심을 먹었어요.
(B) 커다란 건물이네요.
(C) 사실, 보수공사를 위해 문을 닫은 상태입니다.

정답 (C)
해설 구내식당이 있지만 운영하지 않는 이유를 언급하여 질문에 대한 답변이 될 수 있으므로 정답.
어휘 **cafeteria** 구내식당 **have lunch with** ~와 점심 식사를 하다 **large** 큰 **actually** 사실은 **close** (문을) 닫다 **renovation** 보수공사

Day 04 to부정사 ❷

3초 퀴즈

정답 (B)

해석 건물에 출입하기 위해서는 방문증을 반드시 보여줘야 한다.

해설 문장에 이미 동사가 있으므로 빈칸에는 to부정사가 와서 '~하기 위해'라는 뜻의 목적을 나타내는 것이 해석상 자연스럽다. 따라서 to부정사 (B) to enter이 정답이다.

어휘 show ~을 보여주다 visitor's pass 방문증 building 건물 enter ~에 출입하다

Practice

1. (D)	2. (C)	3. (D)	4. (B)	5. (B)

1.

정답 (D)

해석 우리는 회계부를 이끌도록 잭 스미스 씨를 채용할 수 있었다.

해설 빈칸 앞에 위치한 형용사 able은 to부정사의 수식을 받는 형용사이므로 (D) to recruit이 정답이다.

어휘 be able to do ~할 수 있다 lead ~을 이끌다 accounting 회계 recruit ~을 채용하다

2.

정답 (C)

해석 여러분의 기기에 대해 더 긴 수명을 보장하기 위해, 오직 인증된 부품들만 사용되어야 합니다.

해설 빈칸 뒤에 명사구가 있고, 콤마 뒤로 완전한 절이 나온다. 이경우 빈칸에 전치사가 와서 뒤의 절을 수식하는 부사구를 만들거나, 목적을 나타내는 부사구를 만들 수 있는 to부정사가 올 수 있다. 선택지에 전치사가 없으므로 to부정사인 (C) To ensure가 정답이다.

어휘 longer 더 긴 lifespan 수명 appliance (가전)기기 authorized 인증된 part 부품 be used 사용되다 ensure ~을 보장하다

3.

정답 (D)

해석 아시아 시장에 진입하고 싶은 몇몇 유럽 전자제품 회사들이 있다.

해설 빈칸 앞에 eager는 to부정사의 수식을 받는 형용사이므로 (D) to enter가 정답이다.

어휘 several 몇몇의 electronics 전자제품 firm 회사 eager ~하고 싶은 market 시장 enter ~에 진입하다

4.

정답 (B)

해석 저희는 고객의 숙박을 즐겁게 만들기 위해 언제나 기꺼이 도움을 드립니다.

해설 빈칸 앞뒤로 be동사와 to부정사가 있으므로 빈칸에는 to부정사의 수식을 받을 수 있는 형용사가 필요하다. 따라서 (B) willing이 정답이다.

어휘 always 언제나 assist 도움을 주다, 돕다 guest 고객 in order to ~하기 위해 stay 숙박 pleasurable 즐거운 useful 유용한 willing 기꺼이 ~하는 committed 전념하는 possible 가능한

5.

정답 (B)

해석 더 많은 참석자들을 수용하기 위해, 그 회의는 간부 회의실로 이동될 것이다.

해설 빈칸 뒤에 동사구가 있으므로 목적을 나타내는 부사구를 만들 수 있는 to부정사가 와야 한다. 따라서 '~하기 위해서'라는 뜻의 (B) In order to가 정답이다.

어휘 accommodate ~을 수용하다 attendee 참석자 be going to do ~할 것이다 move to ~로 이동하다 executive 간부 even though 비록 ~임에도 불구하고 in order to ~하기 위해 given that ~을 고려하면 in addition to ~에 더하여

Day 05 Weekly Test

VOCA

1. (C)	2. (A)	3. (B)	4. (B)	5. (A)
6. (C)	7. (B)	8. (B)		

7.

해석 2주 이내에 결함이 있는 제품을 반품한 고객들은 전액 환불을 받을 것이다.

해설 반품을 해야 하는 상품의 특징을 나타낼 어휘가 빈칸에 들어가야 하므로 '결함이 있는'이라는 뜻을 가진 (B) defective가 정답이다.

어휘 customer 고객 return ~을 반품하다 item 제품 within ~이내에 receive ~을 받다 full refund 전액 환불 convenient 편리한 defective 결함이 있는 severe 극심한 representative 대리의

8.

해석 블레이크 씨는 증가하는 경쟁에 대한 문제를 다루기 위해 임원들과 만났다.

해설 블레이크 씨가 임원들을 만나 특정 문제에 대해 행한 행동을 나타낼 단어가 빈칸에 필요하므로 '~을 다루다'라는 뜻을 가진 (B) address가 정답이다.

어휘 meet with ~와 만나다 executives 임원 issue 문제 increasing 증가하는 competition 경쟁 improve ~을 향상시키다, 개선하다 address ~을 다루다 communicate 의사소통하다 complain ~을 불평하다

LC

1. (B)	2. (B)	3. (A)	4. (C)	5. (A)
6. (B)	7. (B)	8. (C)	9. (B)	10. (A)

1.

Is the new restaurant open now?
(A) We already had lunch.
(B) No, not until May 5.
(C) They don't serve seafood.

새 레스토랑이 지금 문을 열었나요?
(A) 저희는 이미 점심 식사를 했습니다.
(B) 아뇨, 5월 5일이나 되어야 합니다.
(C) 그곳은 해산물을 제공하지 않습니다.

정답 (B)

해설 (A) 질문에 포함된 restaurant와 관련 있게 들리는 lunch를 언급했지만 질문과 관련 없는 내용이므로 오답.
(B) 부정어 No와 함께 영업을 시작하는 특정 미래시점으로 답변하여 질문에 어울리므로 정답.
(C) 질문에 포함된 restaurant와 관련 있게 들리는 seafood를 언급했지만 질문에서 메뉴를 물어본 것이 아니므로 오답.

어휘 have lunch 점심 식사를 하다 not until + 시점: ~나 되어야 한다 serve (음식 등) ~을 제공하다, 내오다

2.

Why did you come to my office this morning?
(A) No, I didn't.
(B) I wanted to talk about the schedule.
(C) He asked for some help.

오늘 아침에 왜 제 사무실에 오셨죠?
(A) 아뇨, 저는 그러지 않았어요.
(B) 일정에 관해 얘기하고 싶었습니다.
(C) 그가 도움을 좀 요청했어요.

정답 (B)

해설 (A) Yes/No로 시작하는 답변은 Why 의문문에 어울리지 않

으므로 오답.
(B) 일정에 관해 함께 얘기하고 싶었다는 말로 사무실을 찾아갔던 이유를 언급하는 답변이므로 정답.
(C) 대명사 He가 가리키는 대상을 알 수 없으므로 오답.

어휘 schedule 일정(표) ask for ~을 요청하다

3.

Are you available this afternoon?
(A) I'm free after two.
(B) Yes, I'll be there.
(C) It was this morning.

오늘 오후에 시간 있으세요?
(A) 2시 이후엔 한가해요.
(B) 네, 제가 그곳에 갈 겁니다.
(C) 그건 오늘 아침이었어요.

정답 (A)

해설 (A) 오후의 특정 시점 이후에 시간이 있음을 알리는 답변으로 질문에 어울리므로 정답.
(B) 긍정을 뜻하는 Yes를 언급했지만 오후에 시간이 나는 것과 관련 없는 내용이므로 오답.
(C) 과거의 특정 시점을 말하는 답변으로 When 의문문에 어울리는 반응이므로 오답.

어휘 available (사람이) 시간이 나는(= free) after ~ 후에

4.

Why is the restaurant closed this week?
(A) It will be closed soon.
(B) She is a regular customer.
(C) I heard it's being renovated.

그 레스토랑이 이번 주에 왜 문을 닫은 거죠?
(A) 그곳은 곧 문을 닫을 거예요.
(B) 그녀는 단골 고객입니다.
(C) 개조보수 공사가 진행 중이라고 들었어요.

정답 (C)

해설 (A) 문을 닫는 이유가 아닌 앞으로 문을 닫는 일정을 언급하여 질문 내용에 맞지 않으므로 오답.
(B) 대명사 She가 가리키는 대상을 알 수 없으므로 오답.
(C) 개조보수 공사가 되고 있는 중이라는 내용을 언급하여 레스토랑이 문을 닫은 이유를 설명하므로 정답.

어휘 closed 문을 닫은, 폐쇄된 regular customer 단골 고객 hear (that) ~라는 말을 듣다, 소식을 듣다 renovate ~을 개조하다, 보수하다

5.

Was the 3 o'clock meeting canceled?
(A) That's what I heard.
(B) The topic is time management.
(C) I think one microphone is enough.

3시 회의가 취소되었나요?
(A) 그렇다고 들었어요.
(B) 주제는 시간 관리입니다.
(C) 마이크 한 개면 충분할 것 같아요.

정답 (A)
해설 (A) 3시 회의가 취소된 것을 That(그것)으로 지칭하여 그것이 자신이 들은 것이라는 의미로 질문에 대한 답변이 될 수 있으므로 정답.
(B) 3 o'clock과 관련 있게 들리는 time을 언급하였지만 질문과 관련 없는 내용이므로 오답.
(C) 마이크 개수에 대한 자신의 의견을 말하는 답변으로 질문과 관련 없는 내용이므로 오답.
어휘 cancel ~을 취소하다 hear ~을 듣다 management 관리, 경영 microphone 마이크 enough 충분한

6. Why did the shipment of chairs arrive so late?
(A) No, it's a large shipment.
(B) Probably because of the weather.
(C) She didn't arrive on time.

의자 배송이 왜 이렇게 늦게 도착했나요?
(A) 아니요, 그건 대형 화물이에요.
(B) 아마도 날씨 때문에요.
(C) 그녀는 제시간에 도착하지 않았어요.

정답 (B)
해설 (A) shipment를 활용한 답변으로 배송품이 늦게 도착한 이유와 관련 없으므로 오답.
(B) probably와 because of를 언급하여 배송품이 늦게 도착한 이유를 추정하므로 Why 의문문에 어울리는 답변이므로 정답.
(C) 대명사 She가 가리키는 대상을 알 수 없으므로 오답.
어휘 shipment 배송품, 화물 arrive 도착하다 so 이렇게, 그렇게, 너무 late 늦게 large 대형의, 큰 probably 아마도 because of ~때문에 weather 날씨 on time 제시간에

7. Why is the project deadline delayed?
(A) Can you turn on the projector?
(B) Chris will know.
(C) The cords are too long.

왜 프로젝트 기한이 연기됐나요?
(A) 프로젝터를 켜 주실 수 있나요?
(B) 크리스 씨가 아실 겁니다.
(C) 코드가 너무 길어요.

정답 (B)
해설 (A) 질문에 포함된 project를 언급하였지만 프로젝트 기한이 연기된 이유와 관련 없는 내용이므로 오답.

(B) 특정 인물을 지칭하여 질문에 대한 답을 알고 있는 사람에 대해 언급하여 질문에 대한 답변이 될 수 있으므로 정답.
(C) 프로젝트 기한이 연기된 이유를 묻는 질문과 관련 없는 내용이므로 오답.
어휘 project 프로젝트 delay ~을 지연시키다 turn on ~을 켜다 projector 프로젝터, 영사기 cord 끈, 줄, 코드

8. Is there a locker where I can put my baggage?
(A) Oh, I can open a window for you.
(B) It's not too heavy.
(C) They're all occupied right now.

제 짐을 넣을 수 있는 사물함이 있나요?
(A) 아, 제가 창문을 열어드릴게요.
(B) 그건 너무 무겁지 않아요.
(C) 지금은 모두 사용 중이에요.

정답 (C)
해설 (A) locker와 관련 있게 들리는 open을 언급하였지만 질문과 관련 없는 내용이므로 오답.
(B) baggage와 관련 있게 들리는 heavy를 언급하였지만 질문과 관련 없는 내용이므로 오답.
(C) 부정을 뜻하는 No가 생략된 답변으로 사물함을 사용할 수 없는 상태임을 말하는 정답.
어휘 locker 사물함 baggage 짐, 수하물 heavy 무거운 occupied 사용 중인 right now 지금은

9. Why are they cleaning the supply room now?
(A) Let's clean the warehouse.
(B) Is the noise bothering you?
(C) I don't have time now.

왜 그들이 지금 비품실을 청소하고 있나요?
(A) 창고를 청소합시다.
(B) 소음이 신경 쓰이시나요?
(C) 제가 지금은 시간이 없습니다.

정답 (B)
해설 (A) 사람들이 비품실을 청소하고 있는 이유와 관련 없는 내용이므로 오답.
(B) 청소하는 소음이 신경 쓰이는지 되묻는 것으로 질문에 대한 반응이 될 수 있으므로 정답.
(C) 질문에 포함된 now를 언급했지만 질문과 관련 없는 내용이므로 오답.
어휘 supply room 비품실 warehouse 창고 noise 소음 bother ~을 신경 쓰이게 하다

10. Are you available at noon?
(A) How about 1:30?

(B) Yes, it's mine.

(C) Just a few minutes ago.

정오에 시간 있으세요?

(A) 1시 30분은 어떠신가요?

(B) 네, 그건 제 것입니다.

(C) 불과 몇 분 전에요.

정답 (A)

해설 (A) 정오에 시간이 있는지 확인하는 질문에 다른 시간을 제안하는 질문으로 답변할 수 있으므로 정답.

(B) 긍정을 나타내는 Yes가 언급되었지만, 그 뒤의 내용은 질문과 관련 없으므로 오답.

(C) 시간 표현을 말하는 답변으로 When 의문문에 어울리는 답변이므로 오답.

어휘 available (사람이) 시간이 나는 at noon 정오에 How about ~는 어때요? mine 나의 것 a few 몇몇의 ago (시간 표현과 함께) ~ 전에

RC

1. (D)	2. (B)	3. (D)	4. (A)	5. (A)
6. (D)	7. (D)	8. (C)	9. (B)	10. (A)

1.

정답 (D)

해설 팀장은 상품의 판매 증진 방안을 논의하기 위해 긴급 회의를 열기로 결정했다.

해설 빈칸 앞 동사 decide는 to부정사를 목적어로 가지므로 (D) to hold가 정답이다.

어휘 decide ~을 결정하다 urgent 긴급한 discuss ~을 논의하다 increase ~을 늘이다 sale 판매 product 상품 hold ~을 열다

2.

정답 (B)

해설 그 결혼식은 철저하게 가족과 친구들에게만 공개되므로 그렇게 많은 사람들이 참석할 수는 없을 것이다.

해설 빈칸 앞에 있는 형용사 able은 to부정사의 수식을 받으므로 (B) to attend가 정답이다.

어휘 wedding 결혼식 strictly 엄격하게 be open to ~에게 공개되다 be able to do ~할 수 있다 attendance 참가 attend ~에 참석하다 attendee 참가자

3.

정답 (D)

해설 이상적인 토론 진행자는 열린 토론을 가능하게 하는 능력이

있어야 한다.

해설 빈칸 앞에 있는 명사 ability는 to부정사의 수식을 받으므로 (D) to facilitate가 정답이다.

어휘 ideal 이상적인 ability 능력 open discussion 열린 토론 facilitate ~을 용이하게 하다

4.

정답 (A)

해설 우즈 씨는 참가자들의 주의를 계속 끌기 위해 3시간에 걸친 발표 동안 종종 목소리를 높이곤 했다.

해설 주어와 동사, 그리고 목적어가 모두 있는 완전한 문장이므로 빈칸은 빈칸 앞에 있는 to와 함께 to부정사를 구성하여 '~하기 위해'라는 목적을 나타내야 한다. 따라서 동사원형 (A) keep이 정답이다.

어휘 often 종종 raise one's voice 목소리를 높이다 presentation 발표 audience 청중 attention 주의 keep 계속 ~하다

5.

정답 (A)

해설 브레셔 가구는 미지급금이 지불될 때까지 배송을 연기할 권리가 있습니다.

해설 빈칸 앞에 있는 명사 right는 to부정사의 수식을 받으므로 (A) to delay가 정답이다.

어휘 hold the right to do ~할 권리를 가지다 delivery 배송 until ~까지 outstanding payment 미지급금 delay ~을 연기하다

6.

정답 (D)

해설 찬 씨는 수정된 컨퍼런스 일정표가 나오는 즉시 그것을 보고 싶어한다.

해설 빈칸 앞에 있는 동사 want는 to부정사를 목적어로 가지는 동사이므로 (D) to see가 정답이다.

어휘 want to do ~하고 싶다 revised 수정된 schedule 일정(표) as soon as ~하자마자 available 이용 가능한

7.

정답 (D)

해설 미카엘 가너 씨는 성공적인 비즈니스에 관한 책을 집필하기 위해 자신의 직업을 그만둘 것이다.

해설 빈칸 앞에 있는 in order는 to부정사와 함께 '~하기 위해'라는 뜻의 목적을 나타내므로 (D) to write가 정답이다.

어휘 quit ~을 그만두다 job 직업, 직무 in order to ~하기 위해 successful 성공적인 write ~을 집필하다

8.

정답 (C)

해석 윙 씨는 다양한 캠페인을 통해 도시를 홍보하기 위한 뛰어난 노력에 대한 공로를 인정받았다.

해설 빈칸 뒤에 to부정사가 쓰였으므로 to부정사의 수식을 받을 수 있는 명사 (C) efforts가 정답이다.

어휘 **recognize** ~을 인정하다 **outstanding** 뛰어난 **promote** ~을 홍보하다 **through** ~을 통해 **a variety of** 다양한 **talent** 재능 **response** 반응 **effort** 노력 **attention** 주의

9.

정답 (B)

해석 벅스 비스트로는 지난 3년 동안 고객의 수가 세 배로 증가해서, 경영진은 시설 확장을 갈망하고 있다.

해설 빈칸 뒤에 to부정사가 쓰였으므로 to부정사의 수식을 받을 수 있는 형용사 (B) eager이 정답이다.

어휘 **number** 수 **triple** 세 배가 되다 **management** 경영진 **be eager to do** ~하기를 갈망하다 **expand** ~을 확장하다 **facility** 시설 **constructive** 건설적인 **relative** 상대적인 **delicious** 맛있는

10.

정답 (A)

해석 모나코 은행은 고객들이 계좌에 더욱 쉽게 접근할 수 있도록 돕기 위해 '스마트 뱅킹' 애플리케이션을 만들었다.

해설 빈칸 앞에 주어와 동사, 그리고 목적어로 구성된 완전한 문장이 있고, 빈칸 뒤에 동사원형이 있으므로 부사의 역할을 하는 (A) in order to가 정답이다.

어휘 **create** ~을 만들다 **customer** 고객 **access** ~에 접근하다 **account** 계좌 **easily** 쉽게 **in order to** ~하기 위해 **in that** ~이므로 **for** ~위해 **due to** ~때문에